W0099883

OWEN DAVEY

DIE AFFENBANDE
ALLES ÜBER MANDRILL, GIBBON, SCHIMPANSE UND CO.

KNESEBECK

INHALT

EIN AFFE – WAS IST DAS ÜBERHAUPT?

Affen gehören zu einer Gruppe von Säugetieren, die als Primaten bezeichnet wird. Auch wir Menschen sind Primaten, aber wir sind keine Affen, obwohl wir uns von diesen gar nicht so sehr unterscheiden.

Die Affen entstanden vor etwa 35 Millionen Jahren. Die heute auf der Erde lebenden Arten erkennt man auf den ersten Blick an ihren langen Armen, ihrem dichten Fell und den nackten Gesichtern.

Gewöhnlicher Totenkopfaffe

So weit die Hände tragen

Affen laufen die meiste Zeit auf allen vieren. Tiere, die das tun, heißen Vierfüßer. Affen können zwar ziemlich gut auf ihren Hinterbeinen stehen und sogar springen, aber nicht besonders lange laufen.

Trautes Heim, Glück allein!

Der Ort, an dem ein Tier lebt, wird als sein Lebensraum bezeichnet. Manche Affenarten wohnen weiter oben in kühleren Gebirgsregionen, aber die meisten leben im warmen Flachland, zum Beispiel in Savannen, und besonders häufig in tropischen Regenwäldern. Um sich vor Raubtieren zu schützen, hausen viele Affen hoch in den Bäumen – sie sind Baumbewohner.

Mjam, mjam

Was ein Affe am liebsten frisst, ist von Art zu Art verschieden, im Allgemeinen gehören aber Früchte, Samen, Nüsse, Blätter, Blüten, Insekten, Spinnen, Eier und sogar kleine Tiere wie Krebse und Eidechsen zu seinen Leibgerichten.

Die vielseitige Nahrung von Affen

Jetzt weißt du das Wichtigste über die Affen. Machen wir uns nun auf in ein unvergessliches Abenteuer: Wir reisen von den Urwäldern Südamerikas durch das ostafrikanische Hochland bis hinüber nach Asien. Genau wie wir haben auch Affen ihre ganz eigenen Geschichten und sie warten nur darauf, sich vorzustellen!

IST EIN AFFE MEIN ONKEL?

Viele Leute denken, dass wir Menschen von den Affen abstammen, aber das stimmt nicht. Menschen und Affen gehören nur beide zur Säugetiergruppe der *Primaten*.

Immerhin nimmt man an, dass Affen und Menschen vor etwa 25 bis 30 Millionen Jahren einen gemeinsamen Vorfahren hatten. Von diesem Urahn aus entwickelten sich sowohl die Affen als auch die Menschen auf vielfältige Weise weiter, bis wir schließlich zu den Arten wurden, die wir heute sind.

Das ständige Weiterentwickeln verschiedener Tierarten über eine lange Zeit hinweg nennt man Evolution. Dabei werden besonders günstige Eigenschaften, die das Überleben der Art sichern, von Generation zu Generation weitergegeben.

Brauner Wollaffe

Einen längeren Schwanz zu haben kann für einen Affen sehr nützlich sein, denn er dient dazu, auf einem Ast zu balancieren oder sich damit festzuhalten. Ein Affe mit langem Schwanz hat also bessere Chancen zu überleben und Babys zu bekommen – die dann wahrscheinlich auch lange Schwänze haben.

So setzen sich die Merkmale der überlebensfähigsten Affen innerhalb einer Gruppe durch und werden weitervererbt, bis eines Tages alle Tiere dieser Art einen langen Schwanz haben.

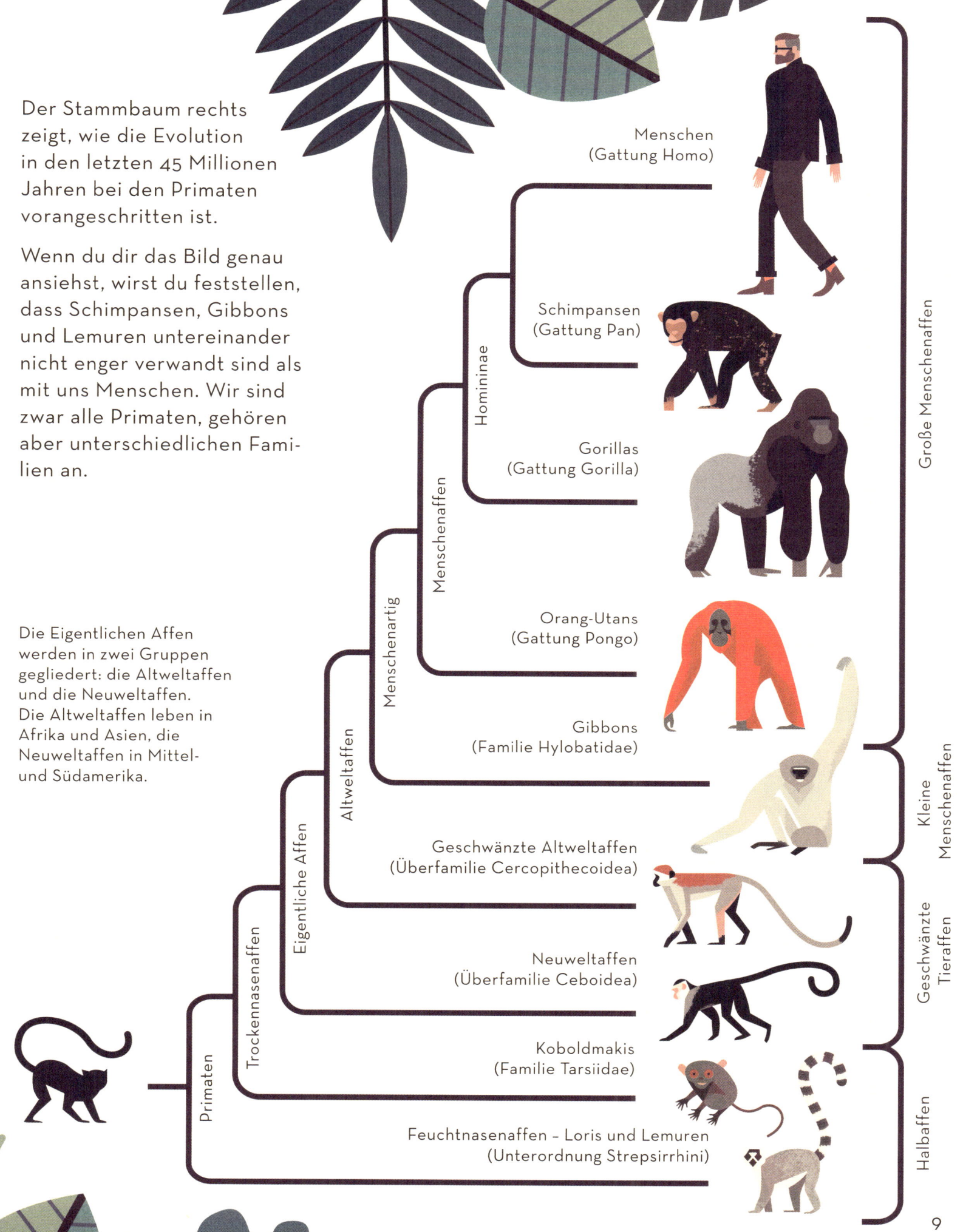

Der Stammbaum rechts zeigt, wie die Evolution in den letzten 45 Millionen Jahren bei den Primaten vorangeschritten ist.

Wenn du dir das Bild genau ansiehst, wirst du feststellen, dass Schimpansen, Gibbons und Lemuren untereinander nicht enger verwandt sind als mit uns Menschen. Wir sind zwar alle Primaten, gehören aber unterschiedlichen Familien an.

Die Eigentlichen Affen werden in zwei Gruppen gegliedert: die Altweltaffen und die Neuweltaffen. Die Altweltaffen leben in Afrika und Asien, die Neuweltaffen in Mittel- und Südamerika.

Menschen (Gattung Homo)

Schimpansen (Gattung Pan)

Gorillas (Gattung Gorilla)

Orang-Utans (Gattung Pongo)

Gibbons (Familie Hylobatidae)

Geschwänzte Altweltaffen (Überfamilie Cercopithecoidea)

Neuweltaffen (Überfamilie Ceboidea)

Koboldmakis (Familie Tarsiidae)

Feuchtnasenaffen – Loris und Lemuren (Unterordnung Strepsirrhini)

Homininae

Menschenaffen

Menschenartig

Altweltaffen

Eigentliche Affen

Trockennasenaffen

Primaten

Große Menschenaffen

Kleine Menschenaffen

Geschwänzte Tieraffen

Halbaffen

ALT GEGEN NEU

Man geht davon aus, dass sich die Affen zunächst in Afrika entwickelt und von dort aus nach Asien und Amerika ausgebreitet haben. Die Arten, die in Afrika und Asien leben, nennt man *Altweltaffen*, die, die sich in Amerika entwickelt haben, *Neuweltaffen*.

Heute kann man einem Affen schon am Gesicht ansehen, ob er in der *Alten* oder der *Neuen Welt* zu Hause ist. Auf dieser Seite erfährst du, woran du das erkennen kannst!

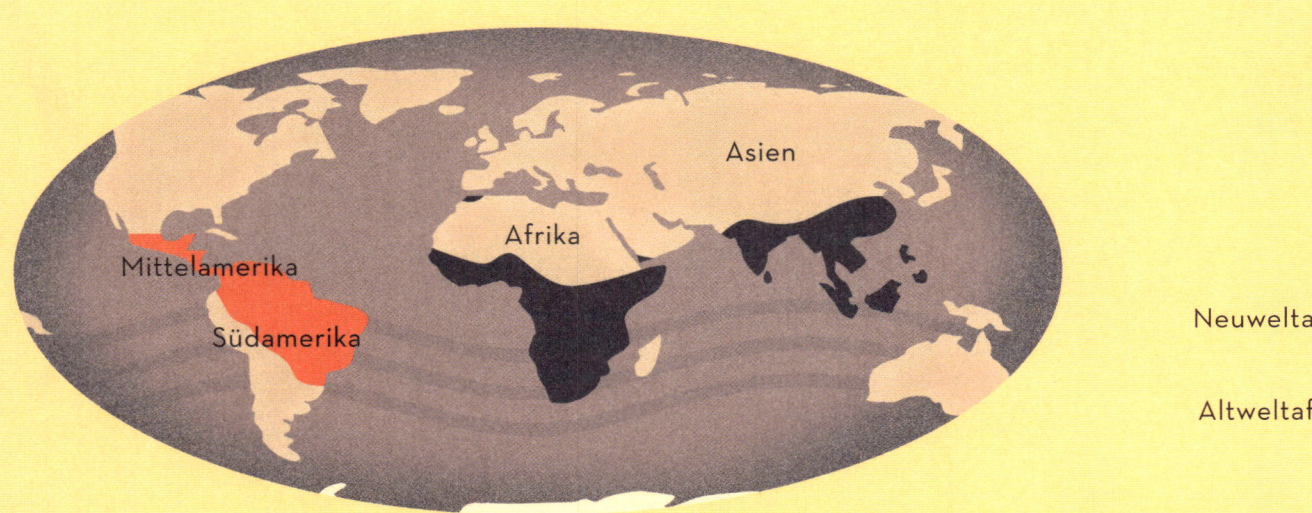

Neuweltaffen

Altweltaffen

An der Nase

Altweltaffen haben normalerweise schmale, längliche Nasen. Die Nasenlöcher liegen dicht nebeneinander und sind nach unten gerichtet. *Neuweltaffen* dagegen haben breite, flache Nasen. Ihre Nasenlöcher liegen weiter auseinander und eher an den Seiten der Nase.

Schopfaffe (Alte Welt)
Schmale Nase mit nach unten gerichteten Nasenlöchern

Weißschwanz-Springaffe (Neue Welt)
Breite Nase mit seitlich angeordneten Nasenlöchern

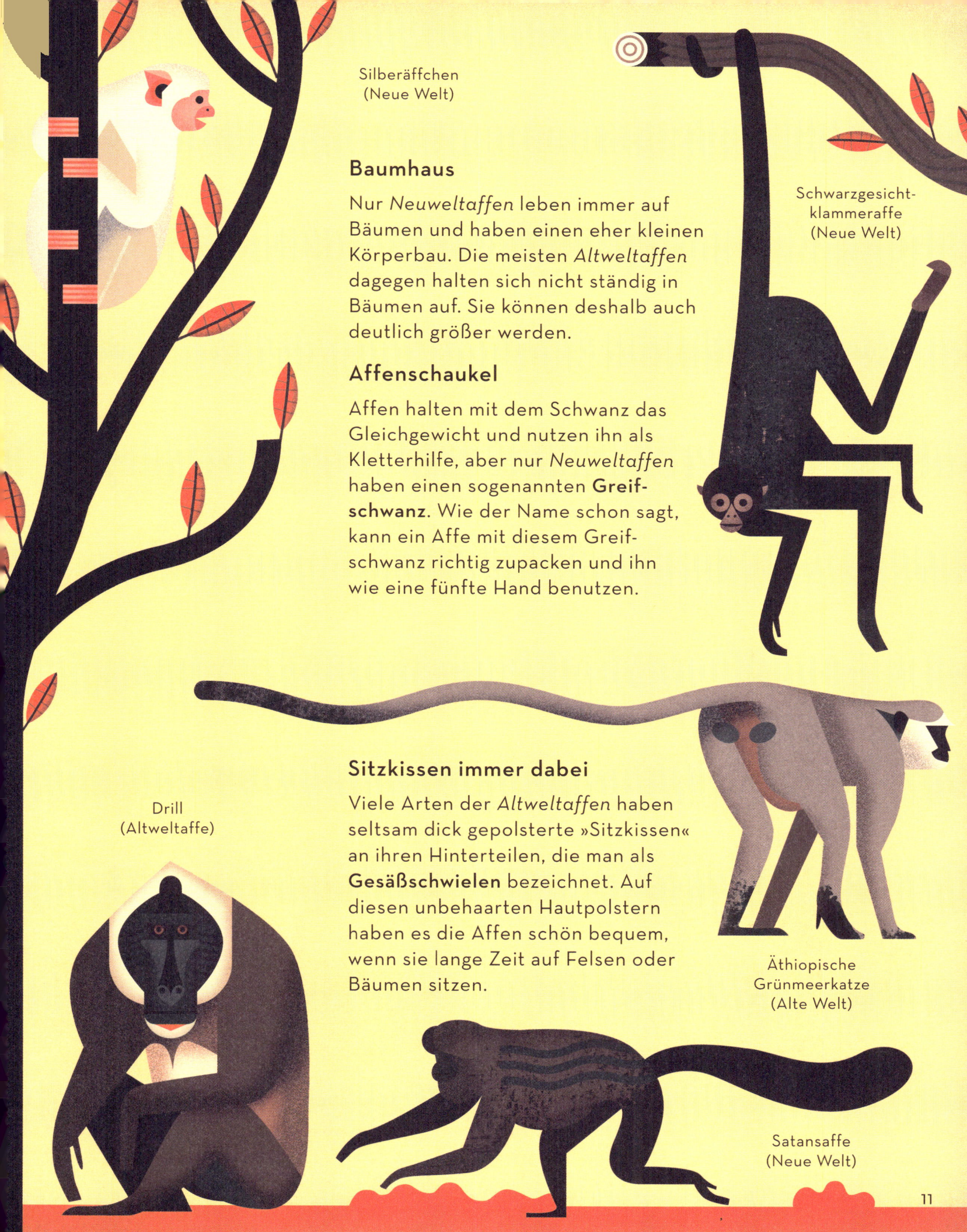

Silberäffchen
(Neue Welt)

Schwarzgesicht-
klammeraffe
(Neue Welt)

Baumhaus

Nur *Neuweltaffen* leben immer auf Bäumen und haben einen eher kleinen Körperbau. Die meisten *Altweltaffen* dagegen halten sich nicht ständig in Bäumen auf. Sie können deshalb auch deutlich größer werden.

Affenschaukel

Affen halten mit dem Schwanz das Gleichgewicht und nutzen ihn als Kletterhilfe, aber nur *Neuweltaffen* haben einen sogenannten **Greif-schwanz**. Wie der Name schon sagt, kann ein Affe mit diesem Greif-schwanz richtig zupacken und ihn wie eine fünfte Hand benutzen.

Sitzkissen immer dabei

Viele Arten der *Altweltaffen* haben seltsam dick gepolsterte »Sitzkissen« an ihren Hinterteilen, die man als **Gesäßschwielen** bezeichnet. Auf diesen unbehaarten Hautpolstern haben es die Affen schön bequem, wenn sie lange Zeit auf Felsen oder Bäumen sitzen.

Drill
(Altweltaffe)

Äthiopische
Grünmeerkatze
(Alte Welt)

Satansaffe
(Neue Welt)

DIE GANZE AFFENBANDE

Nun schnell die Detektivmützen aufgesetzt und die Lupen gezückt! Sieh dir die Affen auf dieser Seite genau an und versuche anhand der Merkmale, die du auf den letzten Seiten kennengelernt hast, herauszufinden, ob es sich um *Neuwelt-* oder *Altweltaffen* handelt.

(Keine Sorge: Wenn du einmal nicht weiterweißt, findest du die Lösungen ganz rechts am Rand.)

A.

Guyana-Brüllaffen hängen an ihrem kräftigen Greifschwanz in Bäumen oder pflücken mit ihm Blätter, Früchte, Nüsse und Blüten.

B.

Mantelaffen fühlen sich in den verschiedensten Wäldern zu Hause. Sie kommen in vielen Gebieten Zentralafrikas vor.

C.

Die **Eulenkopfmeerkatze** hat einen weißen Streifen auf der langen, schmalen Nase.

D.

Goldene Löwenäffchen springen flink in den Baumkronen des Regenwalds umher. Sie sind enge Verwandte der Silberäffchen.

E.

Das ist ein **Tonkin-Schwarzlangur**. Siehst du? Er hat einen ganz komisch gepolsterten Po!

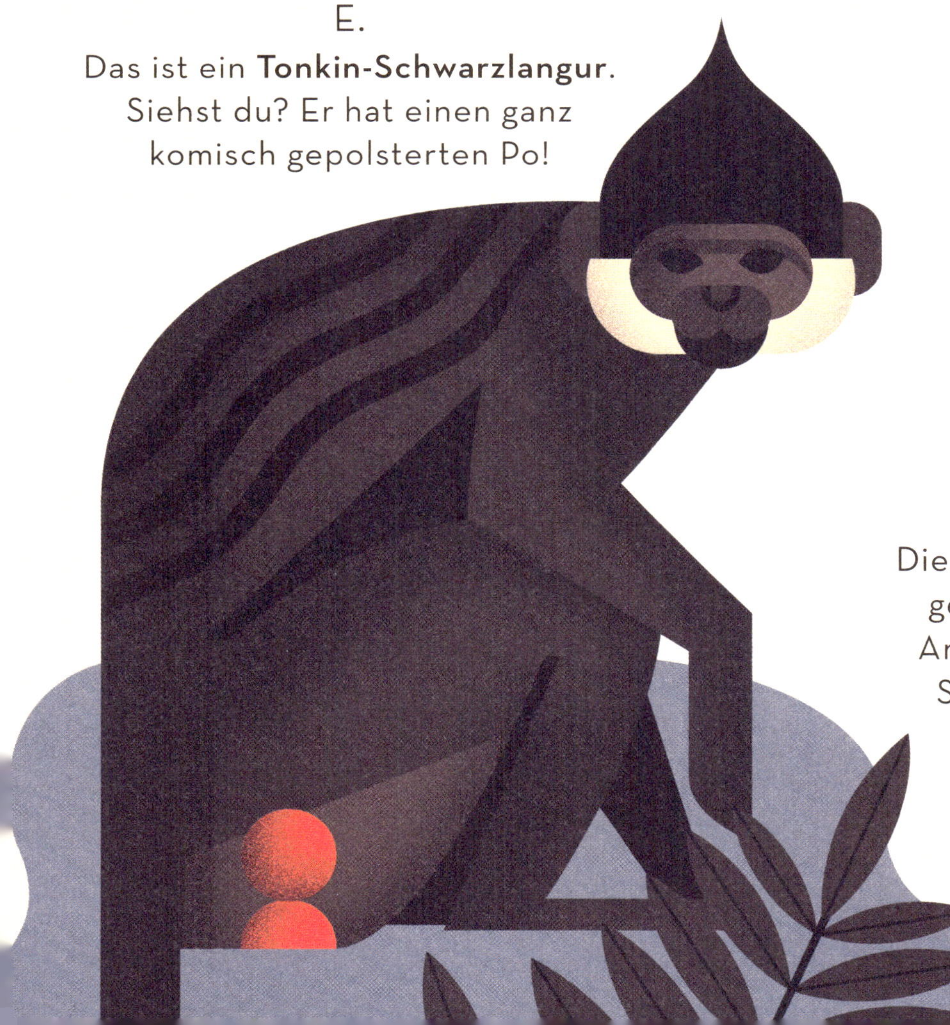

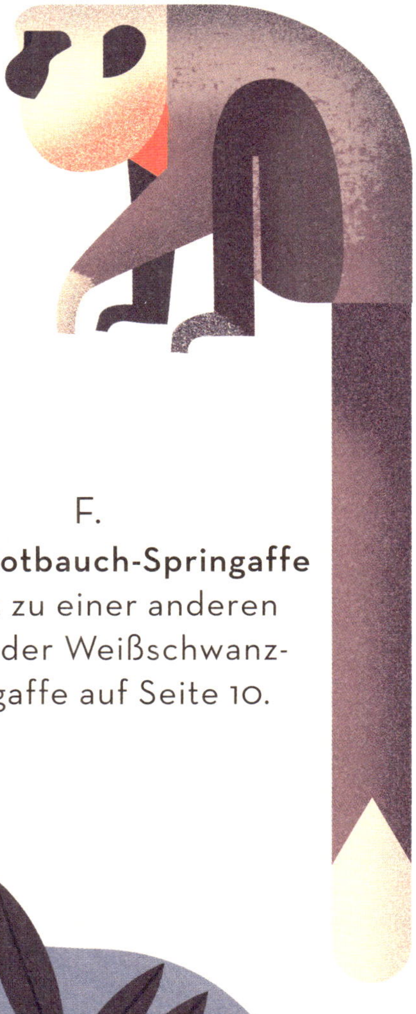

F.

Dieser **Rotbauch-Springaffe** gehört zu einer anderen Art als der Weißschwanz-Springaffe auf Seite 10.

KLEIN UND GROSS

Im Rampenlicht:
Zwergseidenäffchen, Neuweltaffe, Südamerika

Das **Zwergseidenäffchen** ist die kleinste Affenart der Welt. Sein Körper ist 12 cm lang und der Schwanz misst zusätzlich etwa 17 cm.

Die Harpyie
ist ein Feind des
Zwergseidenäffchens.

Diese Zeichnung zeigt
ein Zwergseidenäffchen
in Lebensgröße.

Das Zwergseidenäffchen ist so groß wie ein Hamster, wiegt so viel wie ein Kartenspiel und könnte mühelos auf der Hand eines Menschen sitzen. Dennoch springt es bis zu 5 m hoch!

Seine Winzigkeit und die scharfen Krallen ermöglichen es ihm, sich wieselflink über kleinste Äste zu bewegen. Außerdem kann es den Kopf um 180 Grad drehen und schauen, ob ihm gerade ein Greifvogel auflauert.

Zwergseidenäffchen haben eine schlaue Art entwickelt, an leckeren Baumsaft zu gelangen. Sie beißen Löcher in die Rinde und lassen diese ein paar Tage in Ruhe. Wenn sie dann zu dem Baum zurückkehren, hat sich in den Bisslöchern der süße Saft angesammelt, den die Äffchen auflecken. Zusätzlich lockt der Baumsaft Insekten an, die den Äffchen als Happen sehr willkommen sind.

Im Rampenlicht:
Mandrill, Altweltaffe, Westafrika

Der größte nicht zu den Menschenaffen zählende Affe der Erde ist der männliche **Mandrill**. Im Stehen ist er fast 1 m groß und er wiegt über 30 kg. Obendrein hat er Eckzähne, die länger sind als die eines Löwen.

Trotzdem sind Mandrills eher scheu und verbringen den Tag auf der Suche nach Früchten, Samen und Nüssen. Ab und zu erbeuten sie eine kleine Antilope. Nachts ziehen sie sich auf die Bäume zurück und schlafen dort geschützt vor Fressfeinden wie Leoparden.

Mit seiner leuchtend rot und blau gefärbten Nase und dem farbenfrohen Po gehört der Mandrill zu den schönsten Primaten.

Hier der Kopf eines gähnenden Mandrills in Lebensgröße.

»Wieso hat er so einen bunten Po?«, höre ich dich fragen. Wissenschaftler glauben, dass die prachtvollen Hinterteile im düsteren Wald als Orientierungshilfe dienen. Wenn Mandrills hintereinander durch den Wald laufen, behalten sie die leuchtenden Kehrseiten der Artgenossen im Auge und folgen ihnen.

15

IN BESTER GESELLSCHAFT

Affen sind sehr gesellig. Genau wie wir Menschen leben sie gern
in Gruppen zusammen.

In der großen Gemeinschaft gelingt es ihnen besser, sich vor Raubtieren
zu schützen oder Futterquellen gegen andere Tiere zu verteidigen.
Auch bei der Aufzucht der Jungen ist es praktisch.

Dies ist eine Gruppe
von Tarai-Hanuman-Languren
(Alte Welt).

Affen verständigen sich durch vielerlei Laute –
sie plappern, schnalzen und kreischen. So bauen sie
Beziehungen zueinander auf und warnen andere
Mitglieder der Gruppe vor möglichen Gefahren.
Ebenso vertreiben sie damit auch fremde
Affen aus ihrem Revier.

16

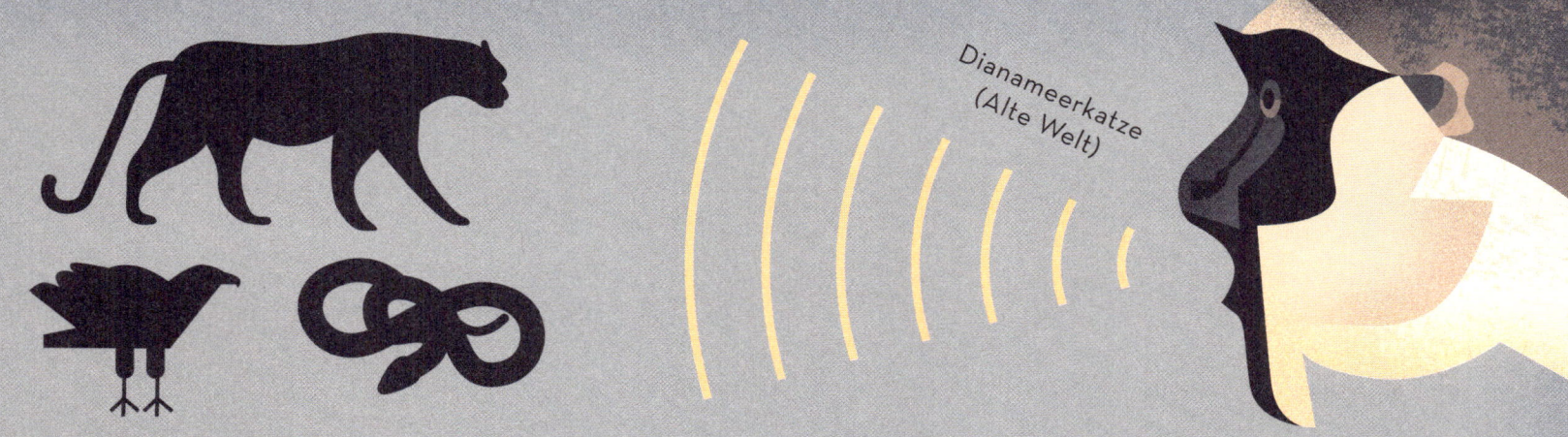

Dianameerkatze
(Alte Welt)

Dianameerkatzen kombinieren verschiedene Ruflaute zu satzähnlichen Botschaften, die sie durch den dichten Urwald schicken. Sie haben ganz bestimmte Rufe, um unterschiedliche Fressfeinde zu bezeichnen, und können sogar mitteilen, wie groß die Bedrohung ist. Noch beeindruckender ist allerdings, dass diese Plaudertaschen auch die Rufe anderer Affenarten richtig deuten. Man könnte sagen, sie verstehen verschiedene Sprachen!

Affen mögen es, einander zu berühren und sich über die Körpersprache zu verständigen. Sie sitzen dicht beieinander und kuscheln.

Gegenseitige Körperpflege ist ein gutes Mittel, um Freundschaften zu festigen. Zwei Affen setzen sich nebeneinander, kämmen sich gegenseitig das Fell und zupfen Ungeziefer heraus. Das verstärkt die Bindung und das Vertrauen untereinander.

17

KÖNIG IM AFFENSTAAT

In den meisten Affengruppen herrscht eine klare Rangordnung, das bedeutet, dass manche Affen eine höhere Stellung innerhalb der Gruppe haben als andere. Das ist etwa so wie damals im Mittelalter: Es gab einen König, dann kamen die Adligen und die Ritter und schließlich die Bauern. Jeder Affe hat eine bestimmte Rolle innerhalb der Gruppe mit entsprechenden Rechten und Pflichten.

Nicht immer verläuft das Zusammenleben friedlich. Manchmal streiten sich die Affen heftig um eine höhere Stellung. Diese Kämpfe reichen vom Maulaufreißen und Zähnezeigen (in der Affenwelt ist das ein Zeichen von Aggression) bis zu ausgewachsenen Raufereien.

Zwei kämpfende Anubispaviane (Alte Welt)

Wie so oft bei Affenkämpfen jagen sich auch
Paviane gegenseitig zähnefletschend und
kreischend, um den Gegner einzuschüchtern.
Sie schrecken auch nicht davor zurück,
aufeinander einzuboxen und einander
zu beißen. Manche versuchen sogar,
ihre Widersacher vom Baum
zu stoßen.

Wenn ein Männchen sich für stark genug hält, fordert es den Leitaffen zum Kampf heraus
und probiert aus, ob es die Führung der Gruppe übernehmen kann. Dies ist der Grund,
weshalb Affengruppen öfters den Anführer wechseln. Studien haben gezeigt, dass Affen
häufiger miteinander kämpfen, wenn die Nahrung knapp ist oder eine Gruppe
keinen geschützten Unterschlupf findet.

DEM GRAS HINTERHER

Im Rampenlicht:
Dschelada, Altweltaffe, Äthiopien, Afrika

Dscheladas sind ganz besondere Affen. Sie leben in großen Gruppen mit einer komplizierten Rangordnung in den Hochebenen Äthiopiens und ernähren sich – als einzige Affen weltweit – fast ausschließlich von Gras und Grassamen.

Mit der zunehmenden Erwärmung der Erde wurde es immer schwieriger, an frisches Gras zu kommen und so zogen die Affen immer höher ins kühle Bergland hinauf, um Nahrung zu finden.

Deshalb haben Dscheladas ein dickes Fell, das sie warm hält. Die Männchen tragen zusätzlich einen Backenbart und eine dicke Mähne, die ihnen über die Schultern fällt.

Zu den Fressfeinden der Dscheladas gehören Afrikanische Wildhunde, Hyänen, Wölfe und Leoparden. Zum Schlafen klettern die Affen in die Felswände und kuscheln sich aneinander. Die steilen Felsnischen sind für Raubtiere fast unerreichbar.

Tüpfelhyäne

Afrikanischer Wildhund

Äthiopischer Wolf

Leopard

Unter den Dscheladas kommt es oft zum Streit darüber, wer in der Gruppe das Sagen haben sollte. Zunächst zeigen sich zwei Rivalen den herzförmigen Hautfleck auf der Brust. Je fitter und kräftiger ein Affe ist, umso intensiver ist dieser Fleck gefärbt.

Bei Dscheladaweibchen zeigt die Färbung des Hautflecks zusammen mit den weißen Warzen darum herum an, wann sie bereit sind, Junge zu bekommen.

Wenn sich ein Streit nicht durch bloße Betrachtung des Brustflecks aus der Welt schaffen lässt, reißen die Männchen das Maul auf und entblößen ihre Zähne. So können die Gegner abschätzen, wer die größeren Eckzähne hat.

Dieses Dschelada-
männchen entblößt seine
Zähne, um jedem, der es wissen
will, zu zeigen, wer der Chef ist.

Mit dem würde ich mich nicht
anlegen. Du etwa?

UND DER ERSTE PREIS GEHT AN...

Alle Affen sind ziemlich erstaunliche Tiere, aber manche sind noch erstaunlicher als andere!

Männliche Brüllaffen können lauter rufen als alle anderen Primaten. Sie gehören zu den lautesten Tieren überhaupt.

Die Schreie des **Brüllaffen** sind jeden Morgen und Abend fast fünf Kilometer weit zu hören.

Der Affe erzeugt sein Gebrüll mithilfe eines Kehlsacks, der das Geräusch verstärkt. Es dient dazu, das eigene Revier zu markieren und gegenüber anderen Brüllaffengruppen im Wald abzugrenzen.

Der Preis für den schnellsten Affen geht an den **Husarenaffen**. Diese Primaten erreichen auf der Flucht vor Raubtieren Geschwindigkeiten von bis zu 55 km/h. Die kleinen Burschen sind äußerst menschenscheu und hauen sofort ab, wenn sie einen von uns sehen.

Den längsten Schwanz aller Primaten haben weibliche **Klammeraffen**. Ihre Schwänze werden bis zu einem Meter lang, während ihre Körper nur 60 Zentimeter erreichen. Der Schwanz kann mühelos das gesamte Körpergewicht des Affen tragen, aber auch so kleine Objekte wie eine Erdnuss zielsicher greifen.

Die Auszeichnung für den ersten Primaten im Weltall geht an einen **Rhesusaffen** namens Albert.
Am 14. Juni 1949 schickten Forscher Albert II. in den Weltraum, um die Auswirkungen von Weltraumreisen auf den Körper zu testen.
Albert überlebte den Flug, kam aber ums Leben, als sich der Landefallschirm der Raumkapsel nicht öffnete. Traurigerweise haben die frühen Versuche in der Raumfahrt viele Affenleben gekostet.

Der Preis für den originellsten Bart gebührt dem **Kaiserschnurrbarttamarin**. Viele Affen haben zwar einen seltsamen Haarwuchs im Gesicht, doch keine andere Art ist so kreativ wie diese. Ihr weißer Bart ist nicht nur lang, sondern auch beeindruckend gut gepflegt und ordentlich. Obendrein tragen nicht nur die Jungs den stolzen Bart, sondern auch die Mädels, und selbst die Babys haben schon eindrucksvolle Oberlippenfrisuren.

GANZ SCHÖN SCHRÄG

Gegenwärtig leben mehr als 260 bekannte Affenarten auf unserem Planeten, von denen einige wirklich seltsam aussehen. Ein paar davon kannst du hier näher kennenlernen!

Anden-Nachtaffe

Nachtaffen sind die einzigen nachtaktiven Affen, das heißt, sie schlafen tagsüber und turnen nachts umher. Ihre riesigen runden Augen erleichtern ihnen das Sehen im Dunkeln.

Brazzameerkatze

Mit seinem langen weißen Bart ist dieser Affe ein starker Mitbewerber um den Titel der eindrucksvollsten Gesichtsbehaarung unter den Affen.

Rotschenkliger Kleideraffe

Dieser Affe sieht nicht nur aus, als sei er geschminkt. Sein vielfarbiges Fell erweckt auch den Eindruck, er hätte Strümpfe, Schuhe und Jacke an. Dieser »Bekleidung« verdankt er seinen Namen.

Mantelpavian

Die alten Ägypter hielten diese Affen für heilig. Einer ihrer Götter, Thot, wurde oft als Mantelpavian dargestellt.

Roter Uakari

Uakaris haben zwar ein langes, dichtes Fell, ihre Köpfe sind aber völlig kahl und leuchtend pink gefärbt.

Weißkopfsaki

Diese sonderbar aussehenden Tiere bleiben, wenn sie sich einmal gefunden haben, ein Leben lang mit ihren Partnern zusammen.

Nasenaffe

Was für ein Zinken! Die Nase des Männchens ist so lang, dass sie über seinen Mund hinausbaumelt. Je älter ein Nasenaffe wird, desto größer wird seine Nase.

Goldstumpfnase

Diese hübschen Altweltaffen haben ein seidiges, goldenes Fell und hellblaue Gesichter.

ÜBERDURCHSCHNITTLICH SCHLAU

Affen sind intelligent und genau deshalb so erfolgreich, weil sie in der Lage sind, voneinander zu lernen. Entdeckt ein Affe etwas Neues, ahmen die anderen Mitglieder der Gruppe sein Verhalten nach und erlernen die neuen Fähigkeiten auf diese Weise selbst.

Manche Affen haben sogar gelernt, Heilmittel anzuwenden. **Weißschulterkapuziner** etwa reiben sich das Fell mit giftigen Riesentausendfüßern und Blättern ab, um sich vor Insekten zu schützen.

Javaneraffen leben in überfluteten Waldgebieten. Was sie in der Affenwelt einzigartig macht, ist ihre Fähigkeit zu schwimmen und zu tauchen. Das ermöglicht ihnen, leckere Krabben am Gewässergrund einzusammeln.

Diese ungewöhnliche Nahrungsquelle hat sie dazu gebracht, amphibisch – sowohl im Wasser als auch auf dem Land – zu leben. Die meiste Zeit verbringen sie damit, zu fressen, miteinander zu spielen und zu schwimmen.

Orange
Schwimmkrabbe

Manche Affenarten haben den Gebrauch von Werkzeugen erlernt. Oft verwenden sie dasselbe Werkzeug zu mehreren Zwecken. Mit Steinen zum Beispiel kann man Nüsse knacken oder aber sie lautstark gegeneinander schlagen, um die anderen Affen vor Raubtieren zu warnen.

Ein Haubenkapuziner (Neue Welt) verwendet einen Stein, um eine Nuss zu knacken.

Javaneraffen (Alte Welt) tauchen nach Krabben, die sie am Gewässergrund finden.

KLASSENBESTE

Im Rampenlicht: Japanmakak, Altweltaffe, Japan

Japanmakaken gehören zu den intelligentesten Affen und stellen ein faszinierendes Verhalten zur Schau. Sie sind die am weitesten nördlich verbreiteten Primaten, wenn man von uns Menschen absieht, und besiedeln die verschiedensten Klimazonen – von den Subtropen bis zu den subarktischen Wäldern. Ihr Fell passt sich in seiner Dichte an, sodass die Tiere sogar Schnee und Eis ertragen können.

1963 wagte sich ein junges Japanmaka-ken-Weibchen in ein natürliches Thermal-becken. Es genoss das warme Wasser so sehr, dass es eine Weile darin sitzen blieb. Kurz darauf taten es ihm die anderen Mitglieder der Gruppe gleich, und schon bald verbrachte die ganze Affenbande längere Zeiträume im heißen Wasser.

Die Affen genossen das Thermalbad so sehr, dass sie bald auch in Becken sprangen, in denen bereits Menschen badeten. Schließlich richtete man ihnen einen eigenen Bereich ein, in dem sie ungestört abhängen konnten.

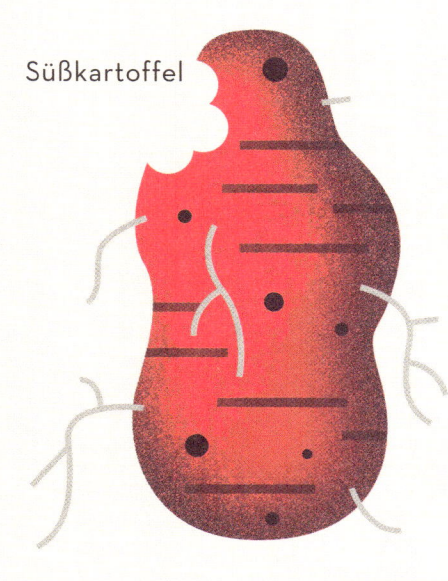

Süßkartoffel

Eine andere Gruppe von Japanmakaken wusch die Süßkartoffeln vor dem Verspeisen in einem Bach ab. Dann verlegten sie das Waschen vom Bach ans Meer, und bald tauchten die Affen die Süßkartoffeln vor jedem Bissen erneut ins Wasser – anscheinend um ihr Essen zu salzen.

Diese Jungtiere haben ein tolles Spiel erfunden. Sie formen Schneebälle und schieben sie herum, lassen sie Hügel hinunterrollen oder werfen damit. Diese Übungen haben nur einen einzigen Zweck: Sie machen den Affenkindern Spaß!

Japanmakaken gehören zwar zu den geschützten Arten, aber die Zerstörung ihres Lebensraums hat dazu geführt, dass sie sich auf der Nahrungssuche immer näher an Felder von Menschen heranwagen. Viele Makaken werden Jahr für Jahr getötet, weil sie die Ernte zerstören. Manchmal belagern die Affen ganze Dörfer, um den Menschen Essen zu klauen. Angeblich hat ein Japanmakak sogar mehrere Monate in Tokio gelebt.

Ein paar ängstliche
Haubenkapuziner
(Neue Welt)

HALTET DEN DIEB!

Hast du dich je gefragt, warum Affen allgemein für Spitzbuben gehalten werden?
Nun ja, um ehrlich zu sein, haben sie diesen Ruf mehr als verdient ...

Affen lügen sich gegenseitig an. Auf der Nahrungssuche bewegen sie sich häufig in
Gruppen mit einem Anführer. Wenn dieser Anführer einen unehrlichen Charakter hat und ein
leckeres Häppchen entdeckt, kommt es vor, dass er seinen Kumpels erzählt, er habe ein
Raubtier gesehen. Wenn dann alle anderen Affen in sichere Verstecke verschwunden sind,
verspeist der verlogene Anführer den Leckerbissen ganz allein.

Wusstest Du das?

Affen machen aus purem Spaß
Dinge kaputt – zum Beispiel
wenn Menschen auf Safari durch
Affengebiet fahren. Manchmal
klauen die Affen Gepäckstücke
aus den Autos oder reißen
Scheibenwischer oder Stoß-
stangen ab.

Dieser Haubenkapuziner ist ein raffinierter kleiner Schelm. Er hat seine Artgenossen in die Irre geführt und verspeist nun klammheimlich eine Banane.

Menschen werden regelmäßig von Affen bestohlen. Geschäfte und Wohnhäuser können innerhalb weniger Minuten von den kleinen Räubern geplündert werden. Eine Zeitlang fanden es die Bolivianischen Totenkopfaffen im Londoner Zoo wohl sehr unterhaltsam, den Besuchern die Sonnenbrillen direkt von den Nasen zu klauen! Vor allem die Jungtiere liebten es, sich in den Gläsern zu spiegeln.

Junge (und bemerkenswert modebewusste) Bolivianische Totenkopfaffen (Neue Welt).

31

AFFENLEGENDEN

Affen spielen im Volksglauben, in der Mythologie und in religiösen Geschichten
auf der ganzen Welt eine wichtige Rolle.

Drei Südliche Brillenlanguren (Alte Welt) stellen Mizaru, Kikazaru und Iwazaru dar.

»Sieh nichts Böses, höre nichts Böses, sprich nichts Böses!«, ist ein altes
japanisches Sprichwort. Oft wird es von drei weisen Affen verkörpert,
von denen jeder einen anderen Teil des Spruchs darstellt. Das Sprichwort
wird in verschiedenen Teilen der Welt unterschiedlich verstanden:
Viele Leute verwenden es als Vorwurf, das Schlechte um sich herum
nicht sehen zu wollen.

Hanuman

In der Religion der Hindus gibt es den menschenähnlichen
Affengott Hanuman, der eine Affenarmee befehligte. Der
Legende nach konnte er fliegen und sich selbst auf jede
gewünschte Größe bringen. Hanuman wird außerdem
für seinen hingebungsvollen Einsatz für den Gott Rama
verehrt.

Manche Leute halten Sun Wukong für die chinesische
Version von Hanuman. Sun Wukong, auch bekannt als
König der Affen, ist der Held des klassischen chinesischen
Romans »Die Reise nach Westen«. Er kam als Stein auf die
Welt, entwickelte dann aber Zauberkräfte und wurde der
Befehlshaber einer Affenarmee. Er war außerordentlich
boshaft und sehr eingebildet.

Der Affe ist auch eines der Tierkreiszeichen im chinesischen Horoskop.

Jedem Jahr wird eines von zwölf Tieren zugeordnet. Dazu gehören Ratte, Büffel, Tiger, Hase, Drache, Schlange, Pferd, Schaf, Affe, Hahn, Hund und Schwein.

Der Affe ist das neunte Tier im chinesischen Kalender. Menschen,
die in einem Jahr des Affen geboren wurden, sollen intelligent, lebhaft und kreativ,
aber unter Umständen auch selbstsüchtig und ungeduldig sein.

Unter welchem Tierkreiszeichen bist du geboren?

DIE ZERSTÖRUNG DER WÄLDER

Vielen Affenarten geht es nicht sehr gut, sie leiden besonders unter der Zerstörung ihres Lebensraums. Jedes Jahr wird ein Regenwaldgebiet, das größer ist als das Bundesland Hessen, abgeholzt oder auf andere Weise von Menschen zerstört. Weil der Wald immer kleiner wird, fällt es den Affen immer schwerer, Raum zum Leben und für die Nahrungssuche zu finden.

Doch Affen sind wichtig für den Wald. In ihrem Darm transportieren sie die Samen der verschiedensten Pflanzen quer durch den Wald und verteilen sie mit ihrem Kot. So können die Wälder wachsen und gedeihen. Bäume produzieren Sauerstoff, ein wichtiges Gas, das Menschen und Tiere zum Atmen benötigen.

Dieses Buch wurde auf Papier aus nachwachsenden Bäumen gedruckt und wirkt sich nicht negativ auf den Lebensraum der Affen aus.

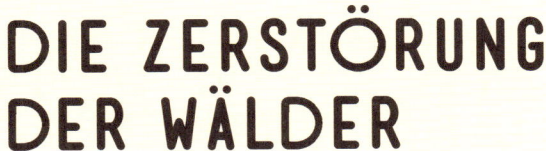

Lisztaffen (Neue Welt) sind vom Aussterben bedroht. In den letzten 20 Jahren wurde ihr Bestand aufgrund der Lebensraumzerstörung um 80 % reduziert.

So beeinflussen wir die Wälder der Erde und gefährden die Affen, die darin leben:

A. Wir bauen Straßen durch den Dschungel, um Wege zu verkürzen, aber die verschlimmern die übrigen Probleme nur.

B. Bäume werden gefällt und zur Herstellung von Papier und Möbeln oder als Treibstoff und Heizmaterial genutzt.

C. Rücksichtslose Abholzungsmethoden erhöhen das Risiko für Waldbrände, die riesige Gebiete zerstören können.

D. Wälder werden gerodet, um Palmölfelder anzulegen. Palmöl wird zur Nahrungsmittel- und Kosmetikherstellung verwendet.

E. Gewaltige Waldgebiete werden abgeholzt, um auf deren Fläche Weideland für Rinder anzulegen.

F. Zur Erzeugung von Energie durch Wasserkraft werden Staudämme gebaut, wodurch große Waldgebiete überflutet werden.

G. Manche Waldgebiete werden gerodet, weil darunter Edelmetalle und andere Bodenschätze vermutet werden.

H. Inzwischen leben auf unserem Planeten mehr als sieben Milliarden Menschen. Dem steigenden Bedürfnis nach Lebensraum für die weiter wachsende Bevölkerung sind schon viele Wälder zum Opfer gefallen.

Was können wir tun?

Rohstoffe aus dem Regenwald zu verwenden muss nicht schlecht sein. Wird verantwortungsvoll entschieden, welche Bäume geschlagen werden können, und werden die Gebiete beschränkt, in denen Menschen bauen dürfen, könnten die noch vorhandenen Waldgebiete geschützt werden. Manche zerstörten Bereiche könnten sich sogar erholen. Eine nachhaltige Nutzung der Wälder unterstützt du, indem du auf die Siegel des FSC und der Rainforest Alliance Certified achtest, wenn du einkaufst. Das Siegel mit dem grünen Frosch zeigt an, dass ein Produkt unter umweltverträglichen Methoden angebaut und verarbeitet wurde.

MIX
Papier aus verantwortungsvollen Quellen
FSC® C101807

REGISTER

Neuweltaffen

Familie Krallenaffen (Callitrichidae)

Familie Kapuzinerartige (Cebidae)

Familie Nachtaffen (Aotidae)

Familie Sakiaffen (Pitheciidae)

Familie Klammerschwanzaffen (Atelidae)

Brauner Klammeraffe *(Ateles hybridus)* – Südamerika, 23
Brauner Wollaffe *(Lagothrix lagotricha)* – Südamerika, 8
Guyana-Brüllaffe *(Alouatta macconnelli)* – Südamerika, 12
Schwarzer Brüllaffe *(Alouatta caraya)* – Südamerika, 22
Schwarzgesichtklammeraffe *(Ateles chamek)* – Südamerika, 11

Altweltaffen

Unterfamilie Backentaschenaffen (Cercopithecinae)

Anubispavian *(Papio anubis)* – Zentralafrika, 18–19
Äthiopische Grünmeerkatze *(Chlorocebus aethiops)* – Nordostafrika, 11
Brazzameerkatze *(Cercopithecus neglectus)* – Zentralafrika, 24
Dianameerkatze *(Cercopithecus diana)* – Westafrika, 17
Drill *(Mandrillus leucophaeus)* – Zentralafrika, 11
Dschelada *(Theropitecus gelada)* – Ostafrika, 20–21
Eulenkopfmeerkatze *(Cercopithecus hamlyni)* – Zentralafrika, 13
Husarenaffe *(Erythrocebus patas)* – Afrika, 22
Japanmakak *(Macaca fuscata)* – Ostasien, 28–29
Javaneraffe *(Macaca fascicularis)* – Südostasien, 27
Mandrill *(Mandrillus sphinx)* – Zentralafrika, 15
Mantelpavian *(Papio hamadryas)* – Ostafrika und Westasien, 24
Rhesusaffe *(Macaca mulatta)* – Asien, 23
Schopfaffe *(Macaca nigra)* – Südostasien, 10

Unterfamilie Schlank- und Stummelaffen (Colobinae)

Goldstumpfnase *(Rhinopithecus roxellana)* – Zentralasien, 25
Mantelaffe *(Colobus guereza)* – Zentralafrika, 12
Nasenaffe *(Nasalis larvatus)* – Südostasien, 25
Rotschenkliger Kleideraffe *(Pygathrix nemaeus)* – Südostasien, 24
Südlicher Brillenlangur *(Trachypithecus obscurus)* – Südostasien, 32
Tarai-Hanuman-Langur *(Semnopithecus hector)* – Südasien, 16–17
Tonkin-Schwarzlangur *(Trachypithecus francoisi)* – Ostasien, 13

Für meinen Opa,
der mich immer »Äffchen« nannte.

Mein besonderer Dank gilt Dr. Nick Crumpton.

Titel der Originalausgabe: *Mad About Monkeys*
Erschienen bei Flying Eye Books, London 2015
Flying Eye Books ist ein Imprint von Nobrow, London, Großbritannien
Copyright © 2015 Flying Eye Books, Großbritannien
Copyright Texte und Illustrationen © 2015 Owen Davey

Deutsche Erstausgabe
Copyright © 2016 von dem Knesebeck GmbH & Co. Verlag KG, München
Ein Unternehmen der La Martinière Groupe

Umschlagadaption: Leonore Höfer, Knesebeck Verlag
Übersetzung: Gundula Müller-Wallraf, München
Lektorat: Gerdi Killer, bookwise GmbH, München
Satz: satz & repro Grieb, München

Printed in Belgium

ISBN 978-3-86873-912-1

Alle Rechte vorbehalten, auch auszugsweise.

www.knesebeck-verlag.de